LES COULISSES DE
DEGAS

26-28, rue Danielle-Casanova, Paris 75002 France
Tél. : 42 60 33 84 Fax : 42 60 33 85

Dépôt légal : 2e semestre 1996

ISBN : 2 908228 69 6

Traduit de l'anglais par Florence Austin

Photogravure Gravor (Suisse)
Imprimé par Artegrafica (Italie)

1ère édition

LES COULISSES DE DEGAS

Texte de Richard Kendall

EDITIONS ASSOULINE

dans les coulisses d'un théâtre se heurtent réalité et rêve, en un monde intermédiaire d'identités évanescentes et de fragile séduction, de chaos, d'ennui répétitif et de bizarre contradiction. Vues d'ici, les danseuses ne dansent pas, tutus aux pâles couleurs et ailes de papillons deviennent de grotesques appendices plaqués sur des corps fatigués, et la mécanique de l'illusion – cordes et poulies, rangées de projecteurs et décors peints – apparaît dans toute sa banalité. Derrière les interprètes, qui attendent, domine un univers d'un sinistre pragmatisme, fait d'un dédale de corridors sombres et de loges confinées, de salles de répétition caverneuses où des mois d'épuisant exercice ont préparé le moment présent. Il suffit pourtant d'entrevoir le décor, au-delà des portants de toile et du feuillage en carton-pâte, pour que tout ne soit qu'artifice et enchantement. Sur scène, les ballerines immatérielles flottent dans un embrasement de lumière, portées sur des vagues de musique, métamorphosées par la couleur, le mouvement et leur

détermination. Le rôle de chacune doit être respecté dans les moindres gestes et les moindres détails, tout se déroule selon des rythmes mystérieux mais prévus, et le doute n'a plus sa place.
Ou bien est-ce le contraire ? Et les paillettes deviennent-elles réalité incarnée par un millier de paires d'yeux délibérément oublieuses du désordre derrière la scène ? Comment résister aux vigoureuses évolutions de figures humaines brillamment éclairées, aux captivants effets lunaires et au grondement d'un tonnerre de théâtre ? Quel intérêt peuvent offrir les coulisses chimériques à un auditoire qui a laissé le rationnel au vestiaire ? Peu lui importe l'envers du décor, l'indistincte multitude de machinistes et techniciens, souffleurs et metteurs en scène, ou même les interprètes, attendant interminablement leur entrée en scène ; tous sont invisibles.

Or c'est précisément de ce monde fluctuant, transitoire, de ces énigmes visuelles que se préoccupa Edgar Degas pendant plus de quarante ans de sa vie d'artiste, et il a laissé au moins mille dessins, pastels, gravures et tableaux à l'huile – sans parler des photographies, poèmes et sculptures en cire – sur la danse. Il s'attachait assez peu à la splendeur des représentations, et les superbes exemples de ballets, dont certains évoquent des productions auxquelles il assista, demeurent une minorité. Les paradoxes de l'univers de la danseuse constituaient son propos : l'exercice, routinier et sans grâce, les mornes corridors, l'instant de métamorphose en entrant sur scène ou en la quittant, la pesante attente et les sordides relations amoureuses qui se nouaient en coulisse. Pour citer son ami Ludovic Halévy, grand amateur de ballet : "Degas cherche toujours l'accident".

Degas exécuta ses premiers tableaux de danse vers la fin des années 1860 ; il avait alors 35 ans et le monde de l'art parisien ne le connaissait guère. Dans des œuvres tels le *Portrait de Mlle Eugénie Fiocre*, à propos du ballet de la Source, ou *l'Orchestre de l'Opéra*, il aborde l'aspect public de la danse, comme un membre de l'auditoire réceptif à un instant scénique ou visuel irrésistible.

Par contraste, dans une toile précoce du début des années 1870 comme *le Foyer de la danse à l'Opéra*, Degas s'approprie déjà les coulisses qui deviendraient son territoire de prédilection. De tels sujets s'insèrent dans le vaste propos qu'il avait fait sien à cette époque, la description du milieu urbain dans sa vivacité et la verdeur d'une modernité encore gauche. Scènes de champs de courses, excursions à la plage, études d'hommes d'affaires dans leurs bureaux et de salons bourgeois affirment la conversion de Degas à ce qu'il appelait "l'école des réalistes" et son insistance à rendre au mieux son environnement dans sa mobilité et sa rudesse. Dans ces tableaux, comme dans *le Foyer de la danse à l'Opéra*, la composition regroupe les personnages avec naturel, l'anecdote, au mieux oblique, tend à s'effacer, l'ordinaire de la vie citadine devenant le véritable sujet. Le ballet jouissait d'une immense faveur dans le Paris du XIXe siècle, ostensiblement parrainé par la haute société mais tout aussi populaire dans une bourgeoisie en pleine expansion. Étoiles et scandales du milieu de la danse étaient commentés avec passion, jouant quelque peu le rôle du cinéma dans notre propre culture, et validant l'intérêt de Degas et des peintres contemporains pour un domaine aussi résolument urbain que les cafés-concerts, cabarets ou cirques.

D'emblée, Degas aborde l'envers du décor avec l'artifice même dont ce monde est constitué ; chaque ballerine a été posée séparément à l'atelier, le plus souvent par un modèle elle-même danseuse, puis dessinée sobrement afin d'être utilisée plus tard. À l'aide de ces dessins, éléments disparates, Degas élaborait alors ses compositions, plaçant les figures, en agrandissant certaines, en réduisant d'autres à un rôle spectateur dans le fond. Puis il reconstituait de mémoire, ou inventait la salle ou l'endroit des coulisses qui servirait de cadre, créant peu à peu une scène entièrement synthétique. À l'aide de peinture à l'huile ou de pastel, l'artiste avait tout loisir d'inventer les couleurs des costumes, de jouer avec la lumière, de modifier la forme de la salle de répétition ou d'ajouter un piano, un miroir, un maître de danse ou un petit terrier, au gré de sa fantaisie ou du but qu'il recherchait dans le tableau.

L'essence du répertoire de danse de Degas repose dans cet intime mélange entre l'observation et l'artifice. Dans son atelier, des centaines de dessins, croquis dans des carnets et rapides esquisses, telles la *Danseuse assise*, vue de profil et la *Danseuse debout, de dos*, lui permettaient d'improviser librement sur un thème choisi ou de réemployer une figure, la transférant d'un tableau satisfaisant à une composition parfois entièrement différente. Dans les plus belles de ces études, il scrute les danseuses, au travail et au repos, dans des moments d'inconfort, d'espièglerie et d'ennui. Il isolait fréquemment un geste caractéristique – le coude tordu vers le dos, la main ajustant une boucle d'oreille, le pied habilement posé – pour situer son image dans la réalité de la danse. S'il recréait tous ces détails à l'atelier, nous savons que Degas en avait une connaissance directe, allant voir les ballets et jouissant d'un accès privilégié au monde des coulisses. Doué d'une mémoire d'une précision légendaire, il consignait parfois dans un carnet les visions et sensations éprouvées au théâtre, aperçus fugaces qui portaient le défi au plus profond de ses talents et facultés d'invention technique et devenaient, en peinture et au pastel, les figures tronquées, floues et sommaires, les effets de lumière fracturée de ses sujets de danse impressionnistes, universellement connus de nos jours et déjà largement imités de son vivant. Degas travailla avec acharnement à ce nouveau langage pictural, multipliant à l'infini les expériences techniques et n'hésitant pas à envisager ses thèmes de façon hasardeuse, voire choquante. Il a noté dans son carnet quelques plans pour ses futurs projets : "Beaucoup couper/d'une danseuse faire ou les bras ou les jambes, ou les reins/faire les souliers, les mains d'un coiffeur, la coiffure empaillée, pieds nus en action de danse, etc., etc. [...] Après avoir fait des portraits vus de dessus, j'en ferai vus de dessous – assis tout près d'une femme et la regardant de bas..."

Et la plupart des tableaux de danse de cette période témoignent de cette improvisation triomphante, de cette vision jubilatoire, dans leurs sujets – "vue d'en bas... vue d'en haut" – mais aussi dans l'alliance inattendue de leurs composantes ; ils sont volontiers constitués de plusieurs feuilles de papier collées bout à bout, au fur et à mesure que Degas agrandissait sa composition ou modifiait son point de vue. Il manifestait la même hardiesse dans ses expériences de peintures et de couleurs, approfondissant les effets mats de gouache et de détrempe prisés des peintres de décors, et dans le choix de ses papiers et toiles, allant d'un carton vert vif et bleu à la soie arachnéenne pour éventails ou la grosse toile de jute employée au théâtre. De plus en plus téméraire, Degas finira même par mélanger les techniques sur sa pauvre surface. Pendant les années 1870, il se montrera tout aussi aventureux dans sa pratique de la gravure, brillamment originale, et où il trouvera peu de rivaux. Enfin il sera entièrement responsable de l'invention du monotype, procédé original de gravure.

Vers 1876 ou 1877, Degas créa l'une des œuvres les plus étonnantes, une série de scènes de la vie des coulisses ; il s'agit des monotypes de la famille Cardinal, une trentaine d'épreuves en noir et blanc illustrant la carrière de deux jeunes sœurs, Pauline et Virginie Cardinal, et leur ascension dans le monde de la danse. On obtient un monotype en dessinant à l'encre noire grasse sur une plaque de cuivre brillant, puis en appliquant sur ce dessin une feuille de papier et en pressant ; l'on en retire une épreuve unique très semblable à une photographie ou une illustration de livre. Cette série semble avoir été destinée à accompagner des nouvelles écrites par Ludovic Halévy, mais pour des raisons demeurées obscures, les monotypes de Degas ne furent pas utilisés lors de la publication du texte d'Halévy. Ils traduisent pourtant à merveille, dans leur vivacité anecdotique et suggestive, cet aspect particulier de l'univers du spectacle si familier aux deux hommes.

Dans le *Groupe de quatre hommes et deux danseuses*, le graphisme le plus schématique exprime la fragilité des deux petites Cardinal assaillies par les attentions de leurs solides admirateurs, tandis qu'autour d'elles un espace mal défini évoque une atmosphère incertaine et éphémère. Comme si souvent dans ces gravures il suffit d'une disposition des tons ou d'un coup de pinceau particulièrement judicieux pour faire ressortir telle particularité, telle ambiance, pour esquisser cette société étouffante où les relations se nouent trop vite et furtivement. *Intimité* n'est que désordre presque comique, une loge et un miroir de travers, une chaise dans une position trop désinvolte et une présence masculine délibérément floue. La danseuse occupe complaisamment le centre de la gravure, achevant à la hâte son maquillage et s'apprêtant à quitter l'ombre des coulisses pour les feux de la rampe. Dans *Ludovic Halévy trouve Madame Cardinal dans une loge* au contraire, domine la réalité, des pièces sordides où s'entassent costumes et accessoires, où madame Cardinal attend ses filles tandis qu'un abonné en haut-de-forme, à qui Degas a malicieusement donné les traits d'Halévy, lui tient compagnie.

Le caractère ouvertement sexuel de bien des gravures de la famille Cardinal – où il n'est question que de flirts poussés et poursuites effrénées – ne s'est pas affadi, et le texte publié des nouvelles d'Halévy est encore plus licencieux, sinon conforme aux mœurs du théâtre. On apprend tout de suite que Pauline et Virginie, à peine adolescentes, vivent toutes deux avec un protecteur âgé – dans le cas de Virginie, un marquis italien – ou sont assaillies par des admirateurs "qui ne bougent pas de la maison", pour paraphraser la volubile madame Cardinal, tout à la fois garante des intérêts de ses filles et responsable de leur chute. Le texte d'Halévy et les gravures de Degas s'accordent pour dépeindre madame Cardinal, "un vieux tartan à carreaux sur les épaules et de vastes lunettes d'argent sur le nez", en ordonnatrice des carrières des jeunes filles, encourageant les liaisons flatteuses et l'excellence professionnelle.

Aucune intrigue ne lui échappe, et elle remarque avec satisfaction que le directeur de ballet, ayant récemment vu Pauline danser, lui a "pris le menton, et il ne prend pas le menton à tout le monde, le directeur".

En dépit de leur taille modeste et d'une absence de fini, les monotypes de la famille Cardinal évoquent puissamment les réalités sociales du monde de la danse à l'époque de Degas. Pour une ouvrière parisienne, une vie vouée à la danse était surtout faite de dur et monotone labeur, de longues heures, mal payées, avec l'espoir de faire partie du corps de ballet, ou le rêve de devenir étoile. Loin de ressembler à nos modernes sylphides musclées, les danseuses de la troupe devaient leur place à leur acharnement plus qu'à leur talent et à d'incessantes manœuvres dans ce milieu hautement politisé. Chaque apparition sur scène leur donnait l'occasion de déployer ouvertement leurs charmes, et les journalistes encourageaient ces franches provocations en vantant plus volontiers une nouvelle beauté qu'une représentation réussie. S'il arrivait à des jeunes filles "respectables" de choisir une carrière dans la danse classique, l'on considérait la plupart des danseuses, mal payées et faciles à exploiter, comme d'évidentes proies.

Si les sinistres chaperons images de duplicité, telles madame Cardinal ou sa sœur, reparaissent sans cesse dans les scènes de répétitions peintes par Degas – ainsi dans les *Danseuses à leur toilette (examen de danse)*, *la Leçon de danse* et *le Foyer de la danse* –, les ombres des admirateurs masculins des danseuses prédominent. Le plus souvent représentés sous forme de présences verticales et sombres, assez inquiétantes, ces prédateurs rôdent près de la scène, parcourent les couloirs à l'affût et s'agglutinent au foyer de la danse avant et après les représentations. Degas les montre dans les coulisses, rapides visions à l'arrière-scène, ainsi du spectateur en chapeau haut-de-forme de *l'Entrée des danseurs masqués*. Tour à tour frustes et comiques, ils symbolisent le mélange de formalité et de licence, de contrôle masculin et d'asservissement féminin qui imprègne la conception de la danse chez Degas. Ces abonnés de l'Opéra, le plus souvent fortunés et en vue, jouissant d'une totale liberté d'accès aux coulisses, s'y rencontraient, allaient voir leur conquête du moment, ou préparaient la fin de leur soirée. Degas n'était pas riche, mais il se joignit maintes fois aux abonnés, et ses pastels et monotypes traitant de ces sujets sont nourris de son expérience personnelle ou au moins d'une observation directe.

L'incertitude de la vie des ballerines et l'ennui fastidieux qui était leur lot quotidien inspirèrent à Degas des chefs-d'œuvre vers le milieu de sa carrière. *L'Attente* n'est que lassitude et longue patience : assise près de son chaperon, la jeune apprentie prépare son anguleux petit corps à l'audition, l'examen de danse ou l'interview dont peut dépendre sa carrière. Une fois de plus, la banalité, soulignée par le plancher nu, le lugubre costume du chaperon et son parapluie d'une laideur presque comique, cohabite avec le fantastique, brillamment symbolisé par le tutu blanc mousseux de la danseuse et les touches colorées sur ses rubans. D'autres études datant des mêmes années dépeignent la vie qui attend les jeunes espoirs ; *Danseuses montant l'escalier* suit des jeunes filles du corps de ballet se précipitant à une répétition ou un cours ; *la Leçon de danse* juxtapose l'effort épuisant requis par l'exercice quotidien et les heures perdues à attendre son tour ; *le Foyer de la danse*, enfin, s'attache aux soins incessants et minutieux donnés aux costumes, chaussons et coiffures avant chaque entrée en scène ou examen. C'est là un monde de travail et de discipline, étrangement proche de la démarche de l'artiste et qui ne pouvait que provoquer la sympathie de Degas, "le labeur incarné" comme le définirait un de ses admirateurs, et dont la vie était "aussi méticuleusement ordonnée et arrangée qu'une partition de musique".

Entre 1874 et 1886, Degas, jusqu'alors relativement obscur, devint l'un des membres les plus en vue du groupe des impressionnistes, montrant ses œuvres lors de la plupart de leurs expositions d'ensemble et participant activement à leur organisation, leur publicité et jusqu'au moindre détail de leur installation. C'est là que l'on vit pour la première fois maint de ses sujets le plus caractéristiques, mais les scènes de ballet devinrent sans tarder la définition symbolique de son art.

Les critiques ne tarissaient pas d'éloges : "Ses études de danseuses témoignent d'un talent rare et original", les traitant ainsi que ses représentations de femmes au bain, de cafés ou de cabarets, comme "autant de petits chefs-d'œuvre de satire intelligente et exacte". Son dessin corrosif en effarouchait plus d'un, mais, pour un autre, "les mouvements de ses petites figures sont piquants et exacts, et son coloris est brillant". À propos du superbe pastel de 1880 *Danseuses à leur toilette (examen de danse)*, le romancier Joris-Karl Huysmans écrivit : "Quelle vérité ! Quelle vie ! comme toutes ces figures sont dans l'air, comme la lumière baigne justement la scène, comme l'expression de ces physionomies, l'ennui d'un travail mécanique pénible, le regard scrutant de la mère dont les espoirs s'aiguisent quand le corps de sa fille se décarcasse, l'indifférence des camarades pour des lassitudes qu'elles connaissent, sont accusés, notés avec une perspicacité d'analyste tout à la fois cruel et subtil." Désormais considéré comme le spécialiste de la danse, Degas suscitait une admiration presque de routine pour la beauté de son dessin, sa sensibilité aiguë au spectacle de la vie moderne et l'acuité toujours en éveil de son observation du monde des coulisses et de la salle de répétition.

Pourquoi Degas revint-il au sujet de la danse dans tant de ses pastels, tableaux et œuvres de sculpture ? Aucun artiste avant lui n'avait traité ce thème avec une telle intensité ; Degas connaissait d'ailleurs fort bien les précédents et ses éminents précurseurs. Ainsi le pastelliste du XVIIe siècle Jean-Baptiste Perroneau, dont Degas avait vu des œuvres au mur de la demeure paternelle, avait-il fait les portraits des ballerines de son temps et avait-il la réputation de "fréquenter les coulisses de l'Opéra". Presque contemporain de Degas, le peintre et caricaturiste du milieu du XIXe siècle Honoré Daumier avait souvent abordé la vie des coulisses, tournant en dérision les prétentions tant des étoiles que de la direction et ménageant à ses successeurs un audacieux vocabulaire pictural. L'influence des compositions de Daumier apparaît clairement dans certaines œuvres d'Édouard Manet, telle *Lola de Valence*, peint à l'huile en 1862, où une danseuse au somptueux costume pose fièrement contre un portant, nous laissant à peine entrevoir la scène derrière. À la vue de semblables tableaux, certes antérieurs aux premières études de Degas sur le sujet, l'on s'étonne

qu'il laisse si rarement la vedette à ses personnages, préférant les surprendre, et dans les moments les moins favorables.
Degas aurait un jour expliqué au marchand Ambroise Vollard, qui le connut à la fin de sa vie : "On m'appelle le peintre des danseuses, on ne comprend pas que la danseuse a été pour moi un prétexte à peindre de jolies étoffes et à rendre des mouvements..." L'on sait avec quelle prudence il convient d'interpréter les remarques attribuées à Degas, surtout à la fin de sa vie, et de les appliquer à ses œuvres de jeunesse. Si "rendre le mouvement" et peindre les couleurs et textures des costumes des danseuses joue un rôle indéniable dans son projet, il fit preuve d'un véritable intérêt envers le ballet pendant les "années impressionnistes" et s'attacha à expliciter le monde paradoxal de la danse. Suivant la démarche de grands romanciers, Émile Zola, Jules et Edmond de Goncourt et Joris-Karl Huysmans, qu'il rencontra et connut, ou d'écrivains de ses amis comme Ludovic Halévy, Degas s'efforça de radiographier son époque. Renonçant aux thèmes d'histoire et d'imagination privilégiés par leurs prédécesseurs, tous ces artistes s'intéressèrent aux tensions urbaines et à l'univers des banlieues, parvenant à découvrir de la puissance dramatique dans les chemins de fer, les bars mal famés et ateliers clandestins.

La remarque de Degas nous rappelle néanmoins qu'il entendait dépasser le simple rôle de chroniqueur de la vie moderne. Le ballet lui permettait d'abord et avant tout de se mesurer au corps humain, défi essentiel qui se pose à tout artiste et préoccupation première des maîtres qu'il ne cesserait de révérer. Au repos ou distendue dans le mouvement, la danseuse enferme toute la gamme de la dynamique corporelle et devient aisément le moderne équivalent des déesses et héroïnes, nymphes et dryades du passé. En étudiant une ballerine à l'atelier, en dessinant sa posture artificielle, Degas ne faisait pas autre chose que Raphaël transformant son modèle en ange ou Poussin créant ses femmes antiques.

Encensé pour ses talents de dessinateur comme le successeur naturel de Poussin et d'Ingres, Degas, désormais plus sûr de lui, put donner un nouvel essor à ses scènes de danse. S'il préférait les toiles de petite taille, des tableaux telle *la Leçon de danse* acquièrent une monumentalité par la simple disposition de la forme et de l'espace, et une maîtrise totale de l'organisation du mouvement. Une invisible diagonale fend le tableau de l'angle supérieur droit à l'angle inférieur gauche, séparant action et inertie, distance et proximité, tout en forçant le spectateur à confronter l'énergie. Mais il refuse de se borner au spectaculaire, et nous ramène au réel avec la silhouette du maître de ballet au menton fuyant et la jeune femme lisant son journal. *L'Entrée des danseurs masqués* nous plonge encore plus directement dans l'action, au moment où deux ballerines s'élançant nerveusement des coulisses, nous engloutissent dans un voile coloré. Contrastant ombre et lumière aveuglante, flou et précision de détails lointains, Degas réussit une éclatante démonstration de l'euphorie à "rendre le mouvement et peindre de jolis vêtements".
Les mêmes complexités spatiales et d'orchestration des figures reparaissent dans une suite de toiles d'une ampleur inhabituelle, dont *la Leçon de danse*. L'on ignore pourquoi Degas choisit ce format, qui conviendrait à des panneaux décoratifs pour des résidences privées

tels qu'en exécutaient alors Monet, Renoir, Caillebotte et d'autres, ou à des études de fresques murales inachevées. D'emblée, *la Leçon de danse* frappe par son aspect spacieux, habilement renforcé par la disposition rythmique des figures en travers du rectangle, comme la ponctuation d'une phrase ou les notes sur une portée musicale. L'espace domine même la substance, entre l'étendue du parquet monopolisant le côté gauche et le mur nu et morne dans l'angle droit. Rien ne saurait mieux exprimer les rigueurs qui sont le lot des danseuses, la solitude de leurs travaux et la laideur de leur environnement, à peine réchauffé par la pâle lumière tombée de la fenêtre et les nuances colorées d'un éventail.

Ce découpage de l'espace devient vite convaincant, mais ne doit pas faire oublier le rôle de l'artifice dans l'art de Degas, ni son invraisemblable capacité à inventer de nouvelles variations sur des motifs anciens. Lorsqu'il peint *la Leçon de danse*, plusieurs attitudes ont déjà servi une douzaine de fois, calquées à l'aide d'un dessin mis au carreau, ainsi la *Danseuse ajustant ses collants*, ou redessinées pour l'occasion. L'on retrouverait de même sous plusieurs formes et au-delà des années 1890 le groupe de danseuses assises sur une banquette et celles qui, à l'arrière-plan, lèvent haut la jambe. Il n'en demeure pas moins qu'à cette époque Degas maintenait un contact régulier, voire quotidien, avec le monde de la danse, renouvelant son répertoire et avivant son sens du détail. Ses lettres et carnets restent discrets, mais les témoignages de ses contemporains évoquent fréquemment sa présence aux représentations, son admiration pour telle ou telle étoile, des soirées où des danseuses étaient présentes et des séances de pose à l'atelier.

Dans une lettre non datée à Albert Hecht, lui aussi passionné de danse, Degas demandait : “Une entrée pour le jour de l’examen de danse. [...] J’en ai tant fait de ces examens de danse sans les avoir vu [*sic*] que j’en suis un peu honteux”. Ses notes font assez souvent référence à des opéras, ballets ou célébrités précis et à l’évidence, à certaines époques, il alla beaucoup au spectacle. D’ailleurs certains amis proches, Reyer ou Halévy, étant parfois responsables de la musique, du livret ou des détails d’une production, sa présence ou son avis pouvaient être requis.
Dans un registre plus émouvant, Degas essaya d’aider des danseuses dans le malheur. Il demanda de l’aide pour une ancienne ballerine mourante et, une autre fois, écrivit à Ludovic Halévy pour qu’il intercède auprès des directeurs de l’Opéra en faveur d’une employée : “Vous devez savoir ce que c’est qu’une danseuse qui veut qu’on parle pour elle. Elle revient deux fois par jour savoir si on a vu, si on a écrit. [...] Si vous en avez le courage ou la force, écrivez un mot à Vaudorbeil, à Merante non sur ses appointements, ce qui serait bête, mais sur sa danse et son passé, et son avenir.”

A la fin des années 1880 intervint un bouleversement dans l’attitude de Degas envers les sujets impressionnistes. L’on sait, par exemple, qu’il assistait de moins en moins souvent aux représentations de ballets, comme d’ailleurs aux courses de chevaux. Pour lui et pour ses amis impressionnistes, le projet documentaire de leur jeunesse tendait à s’effacer devant des défis plus profonds de nature technique et picturale. En même temps qu’il se détournait de bien des thèmes qui l’avaient rendu célèbre, portraits d’artistes de music-hall, scènes de rues, blanchisseuses et traits d'artistes de music-hall, scènes de rues, blanchisseuses et modistes des premières expositions impressionnistes, Degas renonçait à la description détaillée de son environnement urbain. Les espaces devinrent plus flous, les personnages moins définis, tandis que Degas se rapprochait de la figure humaine, maniait plus largement fusain, pastel et peinture, et s'attachait exclusivement à l'événement plastique créé par les attitudes et caractéristiques physiques de ses modèles. Développant ce qu'il appelait lui-même "un art de renonciation", Degas revint inlassablement à deux sujets principaux – la danseuse et le nu au bain –, soumettant la forme féminine à l'examen le plus intensément scrutateur.

Cette dernière phase de l'art de Degas, la moins connue, est probablement la plus stimulante de sa longue carrière. Observant sans relâche pendant les premières années du siècle la routine de travail qu'il s'était fixée, quoiqu'il ait abandonné son atelier peu de temps avant sa mort en 1917, Degas exécuta des pastels et peintures à l'huile d'une intensité sans précédent, des dessins au fusain à la fois tendres et presque violents et des sculptures traitant le corps féminin avec un radicalisme rare à cette époque. S'il réduisit sensiblement les sujets traités, sa production demeura immense, et son obsession pour la danse plus concentrée et résolue que jamais. Il eut recours au calque pour reprendre la même composition tableau après tableau, et se consacra de toutes ses forces à exprimer les propriétés fondamentales des êtres devenus ses sujets : leur masse, leur densité, leur rapport physique avec les autres personnages de la scène et la chorégraphie de leurs membres en équilibre, étirés ou gesticulant. Il n'y a plus ici le moindre ruban à admirer, ni bijoux finement détaillés, ni messieurs faisant irruption dans de lointains décors. Ces danseuses n'incarnent qu'elles-mêmes, leur expérience partagée d'efforts et d'épuisement, la lutte quotidienne pour survivre.

Danseuses en jupes rouges fait figure de paradigme des dernières œuvres de Degas sur la danse. Contrastant avec les vastes salles de répétition des années 1870 ou les larges perspectives des années 1880, l'espace semble ici presque tourmenté, enserré dans un graphisme dense et un coloris brûlant. L'on distingue malaisément un décor derrière les danseuses, qui attendent sans doute d'entrer sur scène, sinon la fin d'une représentation. Ces détails restent obscurs, mais n'importent guère à l'artiste ; car le véritable sujet de cette œuvre glorieuse est le corps humain dans la candeur de sa force expressive, où un dos courbé trahit l'effort interminable et s'alourdissent les jambes et bras de ballerines trop âgées. De vigoureux traits de fusain – ou plutôt des balafres noires – définissent les contours et articulent les muscles, tandis que des vagues de couleur saturée envahissent la scène. Dans les *Danseuses en jupes rouges* orange de feu et rouge écarlate se fondent en une intensité presque insoutenable, alors que d'autres variantes décalquées de la même scène explorent des verts et jaunes plus doux, ou une gamme froide de bleus.

Une palette aussi prononcée a pour effet d'unifier la composition – l'on sait combien Degas prisait "l'ensemble" – tout en intensifiant la charge émotionnelle. *Danseuses bleues* montre un groupe de figures relié par un seul ton de bleu dominant que les autres touches colorées, le rose des jambes de danseuses, ne sert qu'à rehausser. Les bleu acier assez froids, les turquoise et bleu-vert introduisent une atmosphère d'ombre et de stabilité contredite par l'agitation brillamment éclairée au fond. La couleur est ici traitée non seulement en élément décoratif mais surtout en autant de défis pour le peintre et en réservoir d'expressions. Dans le *Groupe de danseuses* c'est le contraste entre les deux teintes complémentaires –un brun-rouge profond et un vert menthe– qui crée l'harmonie, chacune renforçant l'autre et définissant espace, énergie et surface. Malgré tout, la couleur n'est jamais pour Degas une fin en elle-même, et elle construit ici à la fois l'isolement pâle et statuesque des danseuses et l'atmosphère chaleureuse de la pièce dans le lointain.

A la fin de sa vie, Degas répondit à la collectionneuse américaine Louisine Havemeyer qui lui demandait pourquoi "il faisait toujours des danseuses" : "Parce que, madame, c'est tout ce qui nous reste du mouvement combiné des Grecs". Quelque peu sibylline, cette remarque dénote l'abandon de toute ambition documentaire chez le "peintre des danseuses". L'antiquité classique passait pour avoir vu l'apogée de la danse dans son élégante simplicité, intégrant à la musique, au costume et à la théâtralité toutes les valeurs ritualisées de la société grecque. Degas semble avoir éprouvé dans sa vieillesse une nostalgie de ces valeurs et des arts qui les sous-tendaient, d'où l'orchestration rythmée du mouvement qu'il instille à ses groupes de danseuses dont il accentue le rôle cohérent de formes visuelles. *Danseuses* montre de très près un essaim de ballerines, bras et torses unis en une éclatante mosaïque, presque fondues en un brasier de couleur. L'incidence musicale entre les éléments picturaux s'intensifie encore dans *Danseuses à la barre*, qui évoque un bas-relief sculpté de la Grèce ancienne.

À l'aube du XXe siècle, Degas avait presque complètement renoncé aux théâtres et dancings d'antan, puisant l'inspiration chez les modèles qui continuaient à poser à l'atelier, dans sa prodigieuse mémoire et dans l'imagination pure ; “une peinture demande un certain mystère, du vague, de la fantaisie...” dit-il à un ami. La danse lui fournit encore le propos de la plupart de ses sculptures, compositions à figures au fusain ou pastel et de ses plus rares tentatives à l'huile, et il se livra à une répétition obsessionnelle de ses anciennes œuvres allant parfois jusqu'à la destruction. Sa conception de la vie des coulisses avait subi une complète métamorphose. À ses débuts, Degas entendait traiter cet insaisissable sujet en en montrant l'actualité, les jeux amoureux discutables des sœurs Cardinal ou les assiduités de leurs admirateurs. Or cet aspect disparaît des œuvres de la fin de sa vie. *Deux danseuses au repos*, parmi les dernières, revient avec une nostalgie quasi désespérée au thème des ballerines épuisées affalées sur une banquette. La réalité de la danse n'est plus qu'une apparence, et ce pastel vaporeux, presque incohérent, devient aussi fantastique que le spectacle sur la scène.

Degas

Degas
1875

Degas

Degas

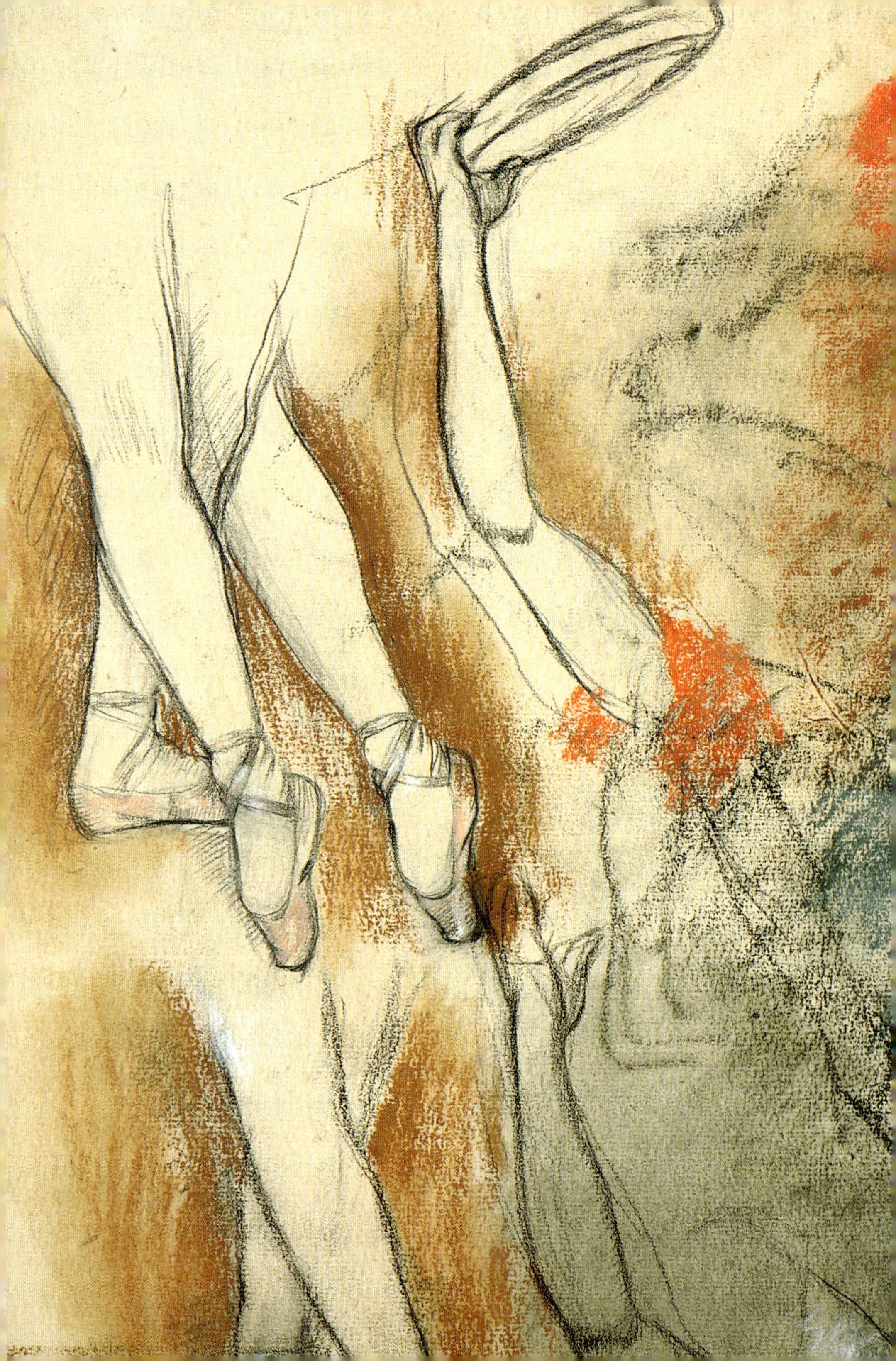

Degas

Degas

Degas

Degas

Degas

© photo R.M.N.
H.s.t., 32 x 46 cm

Foyer de la danse à l'Opéra, 1872. Paris, musée d'Orsay. Cette toute petite toile, l'une des premières scènes de répétitions de danse qu'ait peintes Degas, est demeurée l'une des plus populaires. Sans doute pour complaire à un public qui ne lui était pas encore acquis, Degas a choisi une composition sereine, baignée de lumière, quoique les aperçus par la porte entrouverte et réfléchis dans le miroir laissent présager des complexités.

© photo Philadelphia Museum of Art
Essence s. papier, 48 x 30 cm

© photo R.M.N.
H.s.t., 85 x 75 cm

Jules Perrot, 1875. Philadelphia Museum of Art. The Henry P. McIlhenny Coll. in Memory of Frances P. McIlhenny. Dans sa jeunesse, Perrot était une célébrité internationale, d'abord en tant que danseur à l'Opéra de Paris, puis comme chorégraphe.
La Classe de danse, 1874. Paris, musée d'Orsay. Degas montre ici Perrot, proche de l'âge de la retraite, faisant répéter les jeunes danseuses dans le même genre de salle encombrée qu'il avait pratiquée jeune danseur étoile.

© photo Corcoran Gallery of Art
H.s.t., 48 x 63 cm

La Classe de danse, 1873. Washington, William A. Clark Collection, Corcoran Gallery of Art. Quoique exécuté assez tôt, ce tableau contient déjà presque tous les sujets de danse auxquels reviendra Degas pendant trente ans : l'enchaînement des jambes des danseuses sur l'escalier en colimaçon, symbole de mouvement ; les grappes de ballerines se reposant ou répétant leurs poses réciproques ; enfin le groupe de filles épuisées rassemblées autour d'une banquette basse.

© photo Glasgow Museums
H.s.t., 58 x 84 cm

La Répétition, 1874. Glasgow Museums. The Burrell Collection. Chaotiques en apparence, les scènes de répétition de Degas sont pourtant ingénieusement conçues pour évoquer à la fois la vigueur du mouvement et l'ennui des danseuses attendant leur tour. Dans celle-ci, une courbe ascendante nous entraîne dans l'escalier à spirale jusqu'au groupe de lointaines ballerines, avant de retomber abruptement sur les figures statiques tronquées par la droite du cadre.

© photo R.M.N.
Essence s. papier, 23 x 29 cm

Danseuse assise, vue de profil vers la droite, 1873. Paris, musée du Louvre (fonds Orsay). Ce puissant dessin au pinceau, qui fait partie d'un ensemble d'études préparatoires à un groupe de tableaux de répétitions de danse, nous rappelle l'attention que portait Degas aux détails du corps humain. Cette danseuse qui se gratte le cou en détendant son corps fatigué est parfaitement rendue en quelques traits rapides.

© photo AKG, Paris
H.s.t., 65 x 50 cm

Danseuse posant chez un photographe, 1875. Moscou, musée Pouchkine. Ce tableau qui nous rappelle la connaissance approfondie qu'avait Degas des photographes et de leur art montre une ballerine, hors du cadre de la salle de répétition, transportée dans un atelier de photographe sous les combles où elle prend la pose, sur fond de vue de Paris, tout en ayant l'air de s'observer dans un grand miroir.

© photo Glasgow Museums

Pastel, 58 x 83 cm

Le Foyer de la danse, vers 1880. Glasgow Museums. The Burrell Collection. Pour la plupart, les pastels où Degas décrit la vie des coulisses refusent l'anecdote, mais il est ici difficile de ne pas découvrir un lien narratif entre les participants. La danseuse et son chaperon près de la fenêtre regardent d'un air incertain le lugubre monde extérieur, près d'elle, le couple de jeunes filles se serre l'une contre l'autre pour se rassurer, tandis que d'autres figures semblent s'apprêter à se produire avec confiance.

© photo R.M.N. - Schorman

© photo Norton Simon Museum

Pastel et gouache s. papier : 72 x 76 cm, 69 x 48 cm

Danseuse au bouquet saluant, vers 1877. Paris, musée d'Orsay. Pour une fois, Degas ne se contente pas de nous montrer la représentation d'un ballet, il s'agit même d'une production précise, probablement *Le Roi de Lahore* de Massenet.
Danseuses dans les coulisses, vers 1880. Norton Simon Museum, Pasadena, California. Cette œuvre est plus caractéristique : des danseuses aux splendides costumes se tiennent contre un morne portant de décor, symbole du paradoxe de leur univers.

© photo Hans Petersen – Statens Museum for Kunst

Monotype, 12 x 16 cm

Intimité, 1876-1877. Copenhague, Statens Museum. Utilisant toutes les ressources du monotype, Degas a brossé, étalé puis essuyé l'encre noire sur la plaque de cuivre, puis rapidement imprimé le résultat. L'on voit ici une danseuse ou actrice nimbée de voiles de couleur évoquant une loge éclairée à la lampe, tandis que dans l'ombre des figures laissent présager des drames intimes.

© photo R.M.N.

© photo Graphishce Sammlung, Staatsgalerie, Stuttgart

Monotype, 22 x 18 cm — Monotype et pastel, 21 x 16 cm

Groupe de quatre hommes et de deux danseuses, 1876-1877. Paris, musée du Louvre (fonds Orsay). Quand Halévy écrivit ses nouvelles intitulé *la Famille Cardinal*, Degas eut recours au monotype pour illustrer la vie licencieuse du monde du spectacle.
Ludovic Halévy trouve Madame Cardinal dans une loge, 1876-1877. Staatsgalerie, Stuttgart. Entourée de costumes de danse et d'accessoires, la mère de Pauline et Virginie bavarde avec l'un des innombrables prédateurs qui rôdaient à l'Opéra.

© photo Wadsworth Atheneum

Ektachrome © 1992 Clark Art Institute

Pastel, 51 x 34 cm — Pastel, 49 x 65 cm

Avant le lever du rideau, v. 1885. Hartford, Wadsworth Atheneum. Presque sans précédent dans son œuvre, cette vue plongeante d'une chanteuse ou actrice s'apprêtant à confronter son public, est empreinte d'une tension visuelle et psychologique.
Entrée des danseurs masqués, v. 1881. Sterling and Francine Clark Art Institute, Williamstown, Massachusetts. En opposant les éclatantes couleurs de la scène et la pénombre des coulisses, ces pastels reproduisent fidèlement le spectacle d'un théâtre.

© photo R.M.N., J.G. Berizzi

© photo AKG, Paris

Fusain et pastel, 61 x 46 cm — Pastel, 66 x 36 cm

Danseuse au bouquet saluant, vers 1879-1880. Paris, musée du Louvre (fonds Orsay). À cette époque, Degas montrait une prédilection pour la description d'un instant de déséquilibre, où seule sa volonté maintient la danseuse.
Danseuse verte, vers 1880. Collection Thyssen-Bornemisza, Lugano. Dans le pastel achevé, le vide sous la danseuse en équilibre accentue encore la précarité de son attitude et seul le flamboiement des projecteurs semble l'empêcher de basculer.

© photo R.M.N. Schormans

Pastel et pierre noire, 46 x 58 cm

Danseuse espagnole et études de jambes, vers 1882. Paris, musée du Louvre. Préalablement à ses pastels et tableaux à l'huile de ballet, Degas exécutait de vigoureuses études de danseuses posées à l'atelier, accordant une particulière attention à leur posture et aux détails de leurs costumes. Contrairement à son habitude, il a signé cette feuille d'études amplifiée, comme s'il était fier de sa vitalité.

© photo R.M.N.

H.s.t., 39 x 90 cm

Danseuses montant un escalier, vers 1883-1886. Paris, musée d'Orsay. Se précipitant à une répétition ou s'attardant dans les corridors, les danseuses de Degas, légèrement vêtues, paraissent infiniment plus brillantes que leur sinistre cadre. En vérité, elles s'exerçaient dans un costume des plus simples, souvent enjolivé par le peintre de rubans, ceintures de couleur et bijoux.

© photo AKG, Paris

Pastel et pierre noire, 77 x 56 cm

© photo Philadelphia Museum of Art

H.s.t., 82 x 77 cm

Danseuse au repos, vers 1879-1880. Coll. part. L'esprit caustique de certaines scènes de Degas est souvent mésestimé, où une élégante danseuse apparaît tout à coup dans une situation embarrassante ou délogée de la composition au profit d'un poêle.
La Leçon de danse, 1881. Philadelphia Museum of Art. The W.P. Wilstach Coll. Les salles de répétition sont souvent animées de divers personnages : la robe sombre d'un chaperon contraste avec les tutus, la présence du répétiteur souligne la jeunesse des danseuses.

© photo Norton Simon Art Foundation

Pastel, 48 x 61 cm

L'Attente, vers 1880-1882. Appartient en commun à la Norton Simon Art Foundation et au J. Paul Getty Museum, Malibu, Pasadena, California. Fort admirée du vivant de Degas, cette image d'une magnifique économie de moyens résume bien la vie d'une jeune ballerine, les rêves de gloire et le quotidien routinier, l'artifice de pacotille et la sordide réalité de la vie des coulisses.

© photo D.R.

Pastel, 76 x 59 cm

© photo Denver Art Museum

Pastel et fusain, 62 x 46 cm

Danseuse aux bas rouges, vers 1884. Glens Falls. The Hyde Collection, New York. Dessin et couleur ont toujours entretenu un dialogue complexe dans l'art de Degas, les tons éclatants du pastel venant souvent stimuler la sobriété d'une étude.
Danseuses à leur toilette (examen de danse), vers 1881. Denver Art Museum. Don Anonyme. Degas témoigne ici d'une totale maîtrise des exigences d'un dessin analytique des plus poussés alliée à une richesse sans précédent de coloris et de texture.

Ektachrome © 1992 Clark Art Institute

H.s.t., 39 x 88 cm

La Leçon de danse, vers 1880. Sterling and Francine Clark Art Institute, Williamstown, Massachusetts. Appartenant à une série de toiles horizontales, *la Leçon de danse* oppose un espace vide et une banquette encombrée, de lointaines danseuses aux deux que rogne le cadre, et des figures engagées sans effort dans le mouvement à celles qui se reposent ou rajustent leurs costumes.

© photo Bib. Nationale de France, Paris

Photographie, 18 x 13 cm

© photo R.M.N.

Dessin à l'essence

Danseuse du corps de ballet, v. 1896. Paris, Bibliothèque nationale. L'inlassable fascination de Degas pour les capacités expressives du corps féminin le poussa à prendre ses propres photographies, accumulant ainsi des poses pour les réutiliser plus tard.
Danseuse debout, de dos, vers 1873. Paris, musée du Louvre (fonds Orsay). Vingt ans auparavant, il obtenait le même résultat à rapides coups de pinceau, notant la lumière sur les muscles et les membres crispés dans la pose.

© photo R.M.N.

H.s.t., 85 x 76 cm

© photo The Art Institute of Chicago

H.s.t., 26 x 20 cm

Danseuses bleues, vers 1895. Paris, musée d'Orsay. Dans ses œuvres tardives, Degas renonça à la précision des détails et à toute anecdote au profit d'un coloris intense et de la monumentalité des figures.

Danseuse en robe rose, vers 1880. Collection Chauncey McCormick, Chicago. Ce petit tableau semble au contraire empreint de particularisme, décrivantt avec précision le costume orné de fleurs, le geste passager et les traits de la jeune ballerine.

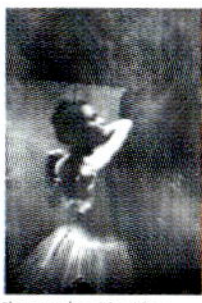

© photo Bib. Nationale de France, Paris

Photographie, 18 x 13 cm

© photo Durand-Ruel

Pastel, 60 x 63 cm

Danseuse du corps de ballet, v. 1896. Paris, Bibliothèque nationale. Si la qualité technique des photographies prises par Degas laisse parfois à désirer, les contrastes de tons lui furent un guide précieux et précis pour ses tableaux et ses pastels.

Danseuses, vers 1899. Collection particulière. Ce pastel et d'autres œuvres en rapport offrent l'affinité la plus forte avec les photographies de Degas, dans les poses et les effets de mise au point, de lumière et de texture.

© photo DR

H.s.t., 140 x 80 cm

© photo R.M.N.

Bronze, H. 43 cm

Deux danseuses en tutus verts, 1894-1899. Coll. part. Degas semble avoir été obsédé par certaines postures de danseuse au repos, que l'on voit reparaître dans des dessins, pastels, tableaux à l'huile et sculptures.

Danseuse habillée au repos, les mains sur les hanches, vers 1895. Paris, musée d'Orsay. Il arrivait à Degas de se passer de modèles pour ses tableaux, et de s'inspirer directement de ses propres sculptures.

© photo Bib. Nationale de France, Paris

Photographie, 18 x 13 cm

© photo Glasgow Museums

Pastel, 81 x 62 cm

Danseuse du corps de ballet, vers 1896. Paris, Bibliothèque nationale de France. Dans ses derniers pastels ou photographies, Degas semble s'être rapproché de ses sujets, insistant sur une épaule, une main ou la découpe d'un visage.

Danseuses, jupes rouges, vers 1897-1901. Glasgow Museums, The Burrell Coll. Cette composition fascina visiblement Degas pendant des années, et l'on en connaît des variantes au pastel en jaune, bleu, vert et en rouge éclatant.

© photo R.M.N. - Schorman

Pastel, 92 x 103 cm

Deux danseuses au repos, vers 1898. Paris, musée d'Orsay. En vieillissant, Degas semblait privilégier dans ses poses l'aspect le plus angulaire et dépourvu de grâce des corps des danseuses, tandis que la couleur domine leur personnalité, les cernant de mélancolie et de vague incertitude.

© photo R.M.N.

Pastel, 78 x 98 cm

© photo The Phillips Collection

H.s.t., 130 x 97 cm

Deux danseuses au repos, vers 1910. Paris, musée d'Orsay. À la fin de sa vie, la fixation de Degas sur certaines couleurs et formes expressives tend à oblitérer l'identité de son sujet.

Danseuses à la barre, vers 1900. The Phillips Collection, Washington, D.C. Dans les dernières scènes de répétition, ligne et couleur se rencontrent encore avec une force inouïe, presque annonciatrice de Matisse et Picasso.

© photo National Gallery of Scotland

H.s.t., 46 x 61 cm

Groupe de danseuses, vers 1900-1905. Edimbourg, National Gallery of Scotland. Degas réutilisa tout au long de sa carrière certains sujets de la vie des coulisses, les modifiant quelque peu ou les transposant en une technique différente. Cette grappe de danseuses près d'un miroir ou d'une porte naquit vingt ans auparavant dans un pastel, reparut à l'huile dans les années 1890, avant de refaire surface au début du XXe siècle.